Nico Ziese

PAPA-BABY-WORKOUTS

FÜR FITTE PAPAS UND GLÜCKLICHE BABYS

Mit den 33 besten Fitness-Übungen mit Baby Muskeln stärken, Spaß haben und die Vater-Kind-Bindung vertiefen | 0-3 Jahre

PapaPump Verlag
ISBN: 978-3-949675-75-1

VON NICO ZIESE

PAPA-BABY-WORKOUTS

Für fitte Papas und glückliche Babys

Mit den 33 besten Fitness-Übungen mit Baby Muskeln stärken, Spaß haben und die Vater-Kind-Bindung vertiefen | 0-3 Jahre

INHALT

INHALTSVERZEICHNIS

VORWORT

Papafit ist ein Buch, das dich als Papa fit macht. Und zwar gleich im doppelten Sinne: Das Buch ist randvoll mit Sportübungen, die du auch zusammen mit deinem Nachwuchs machen kannst. Und das stärkt nicht nur die Muskeln, sondern auch die Beziehung zum Kind und hilft dir, deine Rolle als Papa zu finden.

Die Übungen in diesem Buch sind so konzipiert, dass dein Nachwuchs immer mit dabei sein kann: Am Anfang eher noch passiv und beobachtend, später umso aktiver. Das Geniale daran ist: Du nutzt deine Zeit, um dich mit deinem Baby auseinanderzusetzen, während du dich gleichzeitig sportlich betätigst und fit hältst. Du arbeitest an deinem After-Baby-Body, das kleine Wesen wird dabei gefördert und Mama hältst du damit den Rücken frei. Denn in der Zeit, in der du mit deinem Nachwuchs trainierst, hat sie Zeit für sich. Für den Anfang reicht es, wenn du zwei- bis dreimal pro Woche übst, später kannst du nach Bedarf auch fünf- bis sechsmal trainieren. Eine Trainingseinheit sollte, je nach Fitnesslevel und Art der Übung, 20 bis 90 Minuten dauern.

Wichtig: Baby und Sicherheit zuerst! Die Kapitel sind altersbezogen aufgebaut, dienen aber nur als Richtschnur, denn jedes Baby entwickelt sich ein wenig anders und unterschiedlich schnell. Du selbst kennst deinen Nachwuchs und dessen Reaktionen am besten, also solltest du immer erst überlegen, ob eine Übung wirklich schon passend ist.

ES GILT: **SAFETY FIRST!**

BEVOR ES LOSGEHT...

FÜNF TIPPS

Tipp 1: Nur ausgeruhte und satte Babys sind offen für Neues. Du weißt am besten, was dein Baby braucht, um entspannt zu sein. Die Erfahrung hat gezeigt, dass Babys am empfänglichsten sind, wenn sie satt und ausgeruht sind. Das geht uns ja nicht anders.

Tipp 2: Übungen für müde Babys? Es gibt ein paar Übungen, in diesem Buch, bei denen es sich dein Baby im Tragetuch oder Jogger gemütlich machen kann. Bei diesen Übungen kann es entspannen oder schlafen, während du Sport treibst.

Tipp 3: Flexibel bleiben! Wenn Dein Kind eine Übung nicht mag, kann es sein, dass es bei einer anderen Übung besser mitmacht. Mit Kind muss man flexibel sein – auch beim Training.

Tipp 4: Mit Musik geht alles besser! Hört dein Nachwuchs gerne Musik? Dann stelle eine Playlist für eure Sport-Sessions zusammen und los geht's. Mit der richtigen Musik sind schweißtreibende Übungen schließlich viel leichter zu absolvieren. Es heißt, dass Musik die Gehirnentwicklung fördert. Achte aber bitte darauf, dass es kindgerechte Musik ist. Heavy Metal oder Hardrock sind eher fehl am Platze.

Tipp 5: Auszeit und Neustart! Manchmal hilft auch gutes Zureden nichts: Wenn dein Nachwuchs schlechte Laune hat und nicht mag, mache zunächst etwas anderes mit ihm. Legt eine Kuschelrunde ein, massiere das Bäuchlein oder sprich einfach mit ihm. Wenn es schläft, kannst du deine Übungen trotzdem machen. Vielleicht entscheidet es sich aber auch, dich heute nicht trainieren zu lassen. Dann bist du einfach nur für dein Baby da und das ist auch okay.

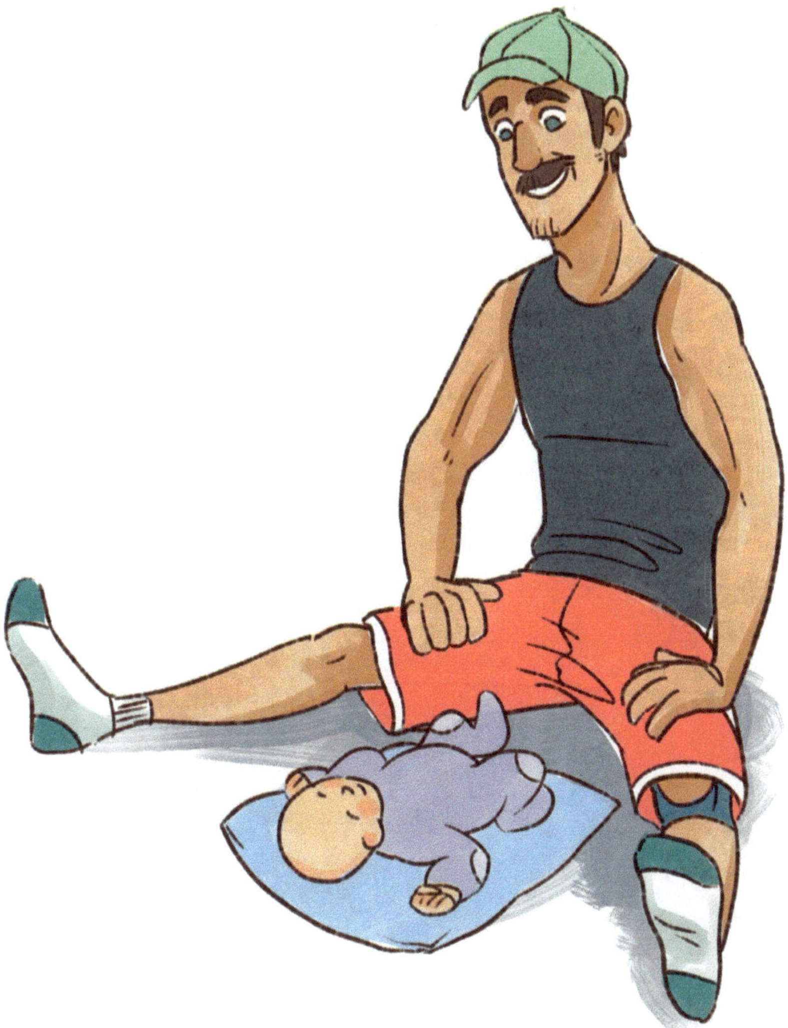

1 DEZENTES POWER-TRAINING

15 – 20 Wdh. | 3 – 5 Sets

Diese Übung kannst du auch mit einem Neugeborenen in dein Trainingsprogramm einbauen. Wenn dein Nachwuchs knapp ein Jahr ist, wird er oder sie versuchen, diese Übung nachzumachen.

Das brauchst du:

Du brauchst eine weiche Unterlage.Wenn du empfindliche Knie hast, nutze zusätzlich ein Kissen.

So funktioniert die Übung

Sieht nach nichts aus? Dann warte mal ab: Lege dein Baby auf eine weiche, rutschfeste Unterlage und knie dich so davor hin, dass du es im Blick hast. Dein Gewicht ruht nur auf deinen Knien und deinen aufgestellten Zehen. Dein Oberkörper ist ganz gerade, die Bauchmuskeln sind angespannt. Schambein Richtung Nabel ziehen. Verschränke deine Arme vor der Brust. Nun lehnst du dich nach hinten, wobei dein Oberkörper immer gerade bleibt. Halte diese Position für 5 Sekunden und dann richte dich wieder auf.

Bonding-Effekt

Dein Baby ist nah bei dir und du kannst Blickkontakt halten.

Fitness-Faktor Papa

Sanftes aber effektives Training der Oberschenkel.

1.

2.

ÜBUNGEN AB NULL

2 DER DREIFÜSSLER

10 – 15 Wdh. | 3 – 6 Sets

Diese Übung ist ideal für alle frischgebackenen Papas: Du kannst diese Übung auch mit einem Neugeborenen machen.

Das brauchst du:

Du brauchst eine weiche, rutschfeste Unterlage.

So funktioniert die Übung

Lege dein Baby auf eine weiche, rutschfeste Unterlage. Gehe in den Vierfüßlerstand; die Hände neben den Schultern des Babys. Deine Hüftgelenke sollte senkrecht über deinen Knien und deine Schultergelenke senkrecht über deinen Handgelenken ausgerichtet sein. Schaue dein Baby während der gesamten Übung an. Nun hebst du ein Bein an, wobei du dieses angewinkelt lässt. Das bedeutet: Unter- und Oberschenkel beschreiben einen rechten Winkel. Auch Schienbein und Fuß bilden zueinander einen rechten Winkel. Federe mit dem angehobenen Bein für mindestens 5 Sekunden mehrfach leicht in Richtung Decke. Dann senke das Bein wieder und mache die Übung mit dem anderen Bein.

Steigerung: Die Übung wird noch effektiver, wenn du jeweils den Arm der gegenüberliegenden Körperseite gerade nach vorne ausstreckst.

Bonding-Effekt

Dein Baby ist nah bei dir und ihr schaut euch an.

Fitness-Faktor Papa

Dehnung und Training von Oberschenkelmuskulatur und Po.

3 PAPA-STATUE

5 – 10 Wdh. | 3 – 5 Sets (links & rechts)

Du kannst diese Übung auch mit einem Neugeborenen machen. Die Voraussetzung ist, dass du eine für Neugeborene taugliche Babytrage oder ein entsprechendes Tragetuch verwendest.

Das brauchst du:

Du brauchst eine altersentsprechende Babytrage.

So funktioniert die Übung

Du setzt deinen Nachwuchs in die Babytrage und stellst dich aufrecht hin. Die Füße sind schulterbreit voneinander entfernt. Strecke den rechten Arm nach oben und verlagere dein Gewicht auf das linke Bein, die linke Hand legst du leicht in die linke Hüfte. Auch den Kopf kippst du zur Schulter nach links. Dein rechter Fuß berührt den Boden aufgrund der Dehnung nach links nur noch mit der Zehenspitze. Verharre für mindestens 5 Sekunden in der Dehnung, dann nimm wieder die Ausgangsposition ein. Jetzt führst du die Übung zur anderen Seite hin aus.

Bonding-Effekt

Dein Nachwuchs ist nah bei dir und wird sanft geschaukelt.

Fitness-Faktor Papa

Dehnung der Körperseiten von den Füßen bis in die Arme.

4 BIZEPS-TRAINING

10 – 15 Wdh. | 5 – 10 Sets

Du kannst diese Übung bereits mit einem Neugeborenen machen, solange du eine für Neugeborene taugliche Babytrage verwendest. Je schwerer und größer dein Nachwuchs wird, desto effektiver wird die Übung.

Das brauchst du:

Für diese Übung benötigst du eine weiche, rutschfeste Unterlage und eine Babytrage oder ein Baby-Tragetuch.

So funktioniert die Übung

Dein Baby ruht in der Babytrage vor deiner Brust. Setze dich auf den Boden auf eine weiche Unterlage. Deine Beine sind leicht angewinkelt und deine Füße stehen auf dem Boden. Lehne dich leicht zurück und stütze dich mit den Händen auf dem Boden ab. Nun hebst du dein Gesäß so weit wie möglich nach oben, sodass dein Gewicht nur noch auf Händen und Füßen ruht. Halte diese Position 5 Sekunden und senke dann das Gesäß langsam wieder Richtung Boden, ohne es komplett abzusetzen. Halte auch diese Position 5 Sekunden und hebe es danach wieder an.

Bonding-Effekt

Dein Baby ist dir ganz nah, kann dich sehen, riechen und n deinen Herzschlag hören: hoher Kuschelfaktor.

Fitness-Faktor Papa

Stärkung der Arme, der Schultern und der Beine.

1.

2.

5 KRABBENKRABBLER

30 Sek. am Stück | 3 – 5 Sets

Diese Übung kannst du bereits mit einem Neugeborenen machen, wenn du eine für dieses Alter geeignete Trage verwendest. Je älter dein Kind wird, desto anstrengender wird auch die Übung.

Das brauchst du:

Hierfür brauchst du eine altersentsprechende Babytrage für deinen Nachwuchs oder alternativ ein Baby-Tragetuch.

So funktioniert die Übung

Die Übung sollte in einem großen Raum mit viel Platz oder im Garten durchgeführt werden. Sie wird im umgekehrten Vierfüßlerstand ausgeführt: Setze dich mit dem Baby in der Trage auf den Boden. Nun lehnst du dich leicht nach hinten und stützt dich mit deinen Händen auf dem Boden ab. Die Beine sind leicht angewinkelt aufgestellt und die Füße stehen flach auf dem Boden. Hebe dein Gesäß so weit wie möglich an und beginne, dich im sogenannten Krabbengangfortzubewegen: Laufe auf deinen Händen und Füßen mal in die eine Richtung, mal in die andere. Achtung: Es ist gar nicht so leicht, Arme und Beine beim Krabbeln in dieser Position zu koordinieren.

Bonding-Effekt

Diese Übung bietet für deinen Nachwuchs einen hohen Kuschelfaktor. Außerdem hat dein Kind, sobald es den Kopf heben kann, einen guten Ausblick.

Fitness-Faktor Papa

Training für Arme und Beine und Training der Koordination.

6 LIEGESTÜTZ MAL ANDERS

10 – 20 Wdh. | 4 – 6 Sets

Diese Übung kannst du bereits mit einem Neugeborenen ausführen. Kleine Vorwarnung: Sobald dein Baby mobiler wird und sich dreht, wird diese Übung eine echte Herausforderung.

Das brauchst du:

Bei dieser Übung benötigst du eine rutschfeste Unterlage.

So funktioniert die Übung

Lege deinen kleinen Schatz auf eine weiche Unterlage mit einer rutschfesten Unterseite. Nun gehst du in die Ausgangsposition für Liegestütze: Die Hände bringst du rechts und links von deinem Baby (etwa auf Höhe von dessen Bauch) auf den Boden und streckst die Arme durch. Rumpf und Beine bilden, bis zu den Knien, eine gerade Linie. Die Besonderheit bei dieser Übung: Dein Gewicht ruht nur auf den Knien und Händen – Unterschenkel und Füße sind vom Boden abgehoben. Die Unterschenkel auf Höhe der Knöchel kreuzen. Nun winkelst du die Arme an, sodass dein Oberkörper sich senkt. Gehe mit dem Oberkörper so weit nach unten, dass du deinem Nachwuchs einen Kuss auf die Stirn geben kannst. Dann streckst du wieder die Arme durch. Wenn du magst, kannst du die Liegestütze laut mitzählen.

Bonding-Effekt

Dein Baby ist nah bei ir und bekommt auch noch Küsschen. Über das Zählen in Kombination mit den Bewegungen vermittelst du deinem Kind bereits früh einen Zugang zur Welt der Mengen und Zahlen.

Fitness-Faktor Papa

Training der Arme und Schulterpartie, Training der Beinmuskulatur.

1.

2.

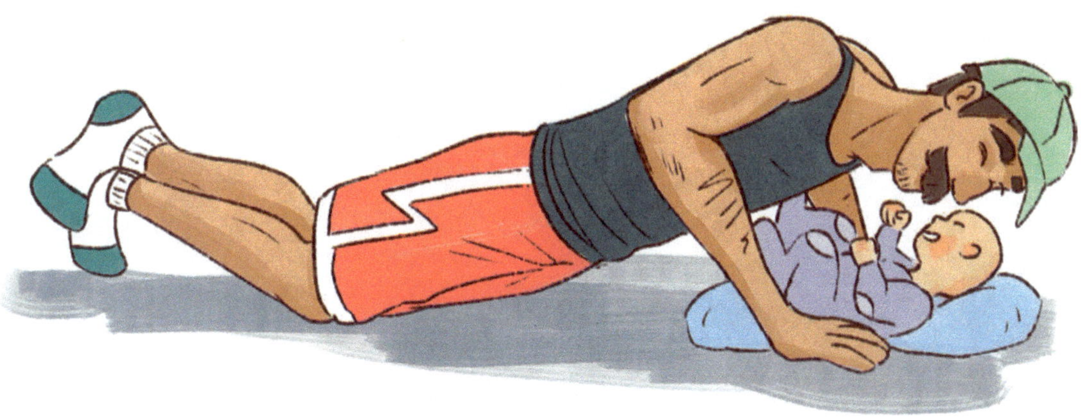

7 LINKS, RECHTS UND MITTE

Pro Seite jeweils 5 Sek. halten | 3 – 5 Sets

Diese Übung kannst du mit deinem neugeborenen Babys durchführen. Sie eignet sich aber auch als „Partnerübung“ mit Kindern, die bereits sitzen können oder sogar richtig aktiv sind.

Das brauchst du:

Du brauchst eine weiche Unterlage für deinen Nachwuchs.

So funktioniert die Übung

Ist dein Baby noch ganz klein, legst du es auf eine weiche Unterlage. Später kannst du es, gestützt durch ein Kissen, auf die weiche Unterlage, setzen. Und noch später sitzt dein Nachwuchs eigenständig auf dem Boden und turnt vielleicht gemeinsam mit dir. Du setzt dich mit breit gespreizten Beinen so auf den Boden, dass dein Nachwuchs in der Mitte zwischen deinen Beinen liegt oder sitzt. Der Abstand zwischen deinen Beinen sollte so groß sein, wie deine Beine lang sind. Nun beugst du den Oberkörper mit nach oben ausgestreckten Armen nach links, dann nach rechts und dann in die Mitte. Dehne deinen Körper jedes Mal möglichst lang und versuche, dich so weit wie möglich in Richtung Boden zu bewegen. Halte in jeder Position inne und spüre die Dehnung.

Bonding-Effekt

Größere Kinder können diese Übung bereits gefahrlos mitmachen. Achtung: Unsere Kleinen sind viel beweglicher als wir Erwachsenen.

Fitness-Faktor Papa

Dehnung von Armen, Schulter-partie und Rücken.

1.

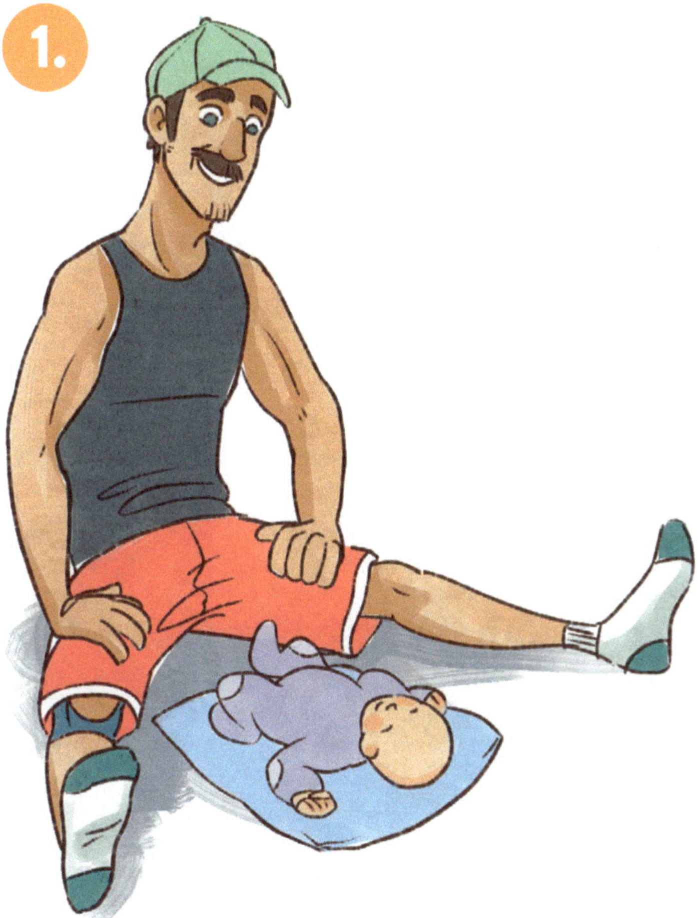

2.

8 BIZEPS-TRAINING AM SOFA

5 – 10 Wdh. | 3 – 5 Sets

Diese Übung kannst du auch mit neugeborenen Babys machen. Sobald dein Nachwuchs aktiver wird, wird es jedoch schwierig, und du möchtest ja vermitteln, dass das Sofa kein Ort zum Toben ist. Das brauchst du:

Für diese Übung benötigst du eine weiche Unterlage für dein Baby und ein stabiles Polstermöbel mit ausreichend Platz davor.

So funktioniert die Übung

Von wegen Couch-Potato: Auch, wenn du für diese Übung ein Sofa (oder ein anderes Polstermöbel) benötigst, wirst du dich dabei nicht wirklich ausruhen können. Du legst dein Baby auf eine weiche Unterlage auf den Boden vor dem Sofa oder einer verfügbaren Alternative. Der Abstand des Babys zum Sofa sollte deiner Körpergröße entsprechen. Gehe in den Vierfüßlerstand; Hände rechts und links neben deinem Baby und Beine Richtung Polstermöbel. Nun legst du einen Teil deiner Unterschenkel auf die Sitzfläche, den Rücken gerade halten und Arme durchgedrückt lassen. Du bist nun in der Ausgangsposition für Liegestütze – nur, dass deine Füße nicht auf dem Boden, sondern auf dem Sofa ruhen. Das macht die Sache nicht leichter, dafür aber umso effektiver. Nun senkst du den Oberkörper durch das Anwinkeln der Arme so weit ab, dass du deinem Kind einen Kuss geben kannst. Danach drückst du dich wieder hoch.

Bonding-Effekt

Du beziehst dein Baby in die Übung ein und bist ihm ganz nah. Außerdem gibt es Küsschen für den Nachwuchs.

Fitness-Faktor Papa

Training der Arm- und Schultermuskulatur und Training der Körperspannung.

1.

2.

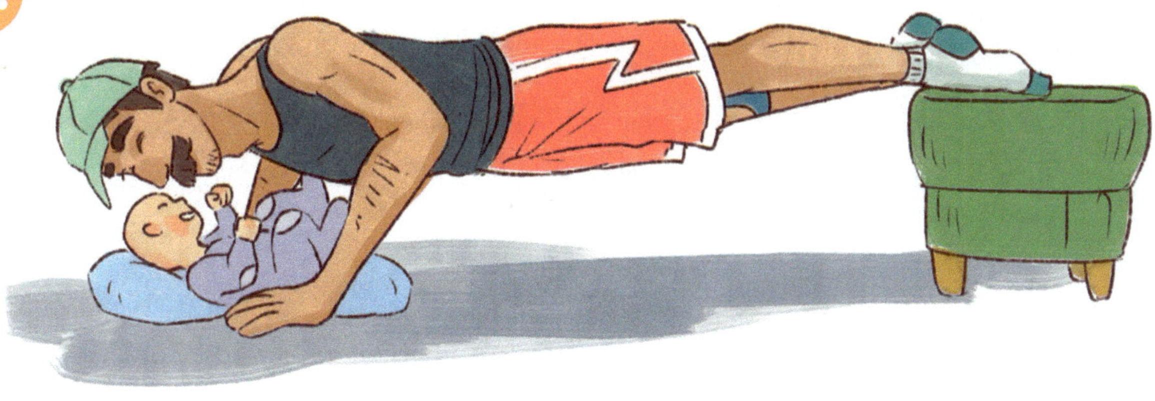

9 HANDLAUF

10 – 15 Wdh. | 4 – 6 Sets

Diese Übung kannst du ab der Geburt deines Babys machen. Ist es dann selbst aktiv und kann laufen, kann es die Übung gefahrlos mitmachen – oder es zumindest versuchen.

Das brauchst du:

Du brauchst eine weiche Unterlage für dein Baby.

So funktioniert die Übung

Du legst dein Baby auf eine weiche Unterlage, zum Beispiel eine Krabbeldecke. Nun stellst du dich aufrecht vor ihm hin, sodass du etwa eine Papa-Körperlänge weit entfernt bist. Zunächst beugst du den Oberkörper nach unten, sodass deine Hände den Boden berühren. Idealerweise kommst du dabei mit den Handflächen flach auf den Boden. Wichtig: Die Beine bleiben dabei durchgestreckt. Nun wanderst du mit den Händen so weit nach vorne in Richtung deines Babys, bis du in der Liegestütz-Position angelangt bist. Hier kannst du deinen Nachwuchs mit einem Kuss oder "Kuckuck!" begrüßen. Danach wanderst du mit den Händen wieder zurück zu den Füßen und richtest dich langsam wieder auf.

Bonding-Effekt

Du beziehst dein Baby in die Übung mit ein. Ist der Nachwuchs dann größer, kann er die Übung leicht nachmachen. Mal schauen, wer von euch gelenkiger ist.

Fitness-Faktor Papa

Dehnübung und Training der Arm- und Schultermuskulatur.

10 WALKEN – ALLES ANDERE ALS EIN SPAZIERGANG 2 Minuten normal gehen, dann Tempo steigern und halten | 15 – 30 Min., später 30-60 Min.

Diese Übung wird an der frischen Luft ausgeführt. Du kannst direkt nach der Geburt loslegen, sofern du eine für Neugeborene geeignete Babytrage oder ein Baby-Tragetuch hast. Das brauchst du:
Du benötigst eine ergonomisch geformte, altersentsprechende Babytrage oder ein Baby-Tragetuch und gute Sportschuhe.

So funktioniert die Übung

Alles andere als ein Spaziergang: Ziehe dir Outdoor-Sportschuhe an und setze deinen Nachwuchs in die Babytrage oder das Baby-Tragetuch. Wenn möglich, walke mit einer Pulsuhr, damit du in der optimalen Pulsfrequenz trainierst. Diese sollte bei Ungeübten bei 60 % und später bei etwa 75 % Prozent des Maximalpulses liegen. Der Maximalpuls errechnet sich, indem du dein Lebensalter von 220 subtrahierst. Bist du also beispielsweise 28 Jahre alt, dann liegt dein Maximalpuls bei 192. Während deines Trainings kannst du abwechselnd ebene Strecken oder bergauf und bergab gehen. Lass deine Arme beim walken mitschwingen. Achte unbedingt darauf, nicht ins Joggen zu verfallen, da die Erschütterungen für dein Baby zu groß wären.

Bonding-Effekt

Dein Baby ist dir ganz nah, hört deinen Herzschlag und nimmt deinen Geruch wahr.

Fitness-Faktor Papa

Cardio-Training, Steigerung der Ausdauer und Stressabbau.

ÜBUNGEN AB NULL

11 STARKER KERL MIT STARKEN BEINEN

Muskelaufbau: 5 - 10 Wdh. / min. 3 Sets | Kraftausdauer: 15 - 25 Wdh. / min. 2 Sets

Du kannst mit dieser Übung loslegen, sobald dein Nachwuchs auf der Welt ist. Das brauchst du:

Eine gute Babytrage oder ein Baby-Tragetuch. Die Trage sollte für das Alter deines Babys geeignet sein. Achtung: Nicht alle Tragen eignen sich für Neugeborene.

So funktioniert die Übung

Kniebeugen für echte Kerle: Du setzt deinen Nachwuchs in eine Bauchbabytrage oder ein Baby-Tragetuch. Wenn dein Kind sicher und gemütlich an deine Brust gekuschelt ist, stellst du dich aufrecht hin. Deine Füße haben etwa einen -schulterbreiten Abstand, die Fußspitzen zeigen leicht nach außen. Wichtig ist, dass dein Gewicht – und das deines Babys – gleichmäßig auf deinen beiden Fußsohlenruht. Deine Arme sind waagerecht nach vorne ausgestreckt. Spanne nun noch den Bauch an, ziehe das Schambein Richtung Nabel und die Schulterblätter leicht nach hinten. Dann senkst du dein Gesäß kontrolliert so weit nach unten, bis Ober- und Unterschenkel einen rechten Winkel bilden. Führe dann dein Gesäß wieder nach oben und wiederhole die Übung. Zähle die Kniebeugen hörbar mit.

Bonding-Effekt

Du trägst dein Baby ganz nah an deinem Oberkörper. Es riecht dich, es hört deinen Herzschlag und deine Stimme. Ihr verbringt Zeit miteinander.

Fitness-Faktor Papa

Training der großen Muskelgruppen, sanfter Muskelaufbau insbesondere auch in den Beinen.

1.

2.

12 PAPA-BIZEPS STATT SCHLABBER

BIZEPS 10 – 20 Wdh. | 4 – 6 Sets

Diese Übung kannst du mit deinem Nachwuchs von Anfang an machen. Sobald das Baby beginnt, sich zu drehen, wird diese Übung schwierig. Das brauchst du:

Du brauchst eine weiche Unterlage mit rutschfester Rückseite.

So funktioniert die Übung

Am besten fängst du früh mit dem Training deiner Arme an: Du kannst dir vielleicht noch gar nicht vorstellen, wie anstrengend das Baby-Herumtragen nach einer Weile ist. Für die Übung legst du deinen Nachwuchs auf eine weiche, rutschfeste Unterlage auf den Boden. Dann gehst du in die Ausgangsposition für Liegestütze: Die Arme sind durchgedrückt und die Hände werden flach auf dem Boden platziert. Die Hände sollten exakt unter den Schultergelenken ausgerichtet sein. Rumpf und Beine bilden eine gerade Linie, und das Gewicht der Beine ruht auf den Zehen. Das Besondere dabei: Du platzierst eine Hand rechts und eine links von deinem Nachwuchs. Dann machst du Liegestützen. Wenn du die Arme angewinkelt hast, kannst du deinem Nachwuchs jeweils einen Kuss auf Stirn, Nase oder Wangen geben. Zähle die Liegestütze zudem hörbar mit.

Bonding-Effekt

Durch die Küsschen bei jedem Liegestütz bekommt dein Nachwuchs Liebe und Geborgenheit von dir. Und außerdem macht dein Baby erste Erfahrungen mit Zahlen.

Fitness-Faktor Papa

Neben dem Bizeps stärkst du noch weitere Muskelgruppen in den Armen sowie Schultern, Brust, Bauch, Rücken, Beine und Gesäß. Außerdem erhöhst du deinen Grundumsatz und lässt Fettpölsterchen schmelzen.

1.

2.

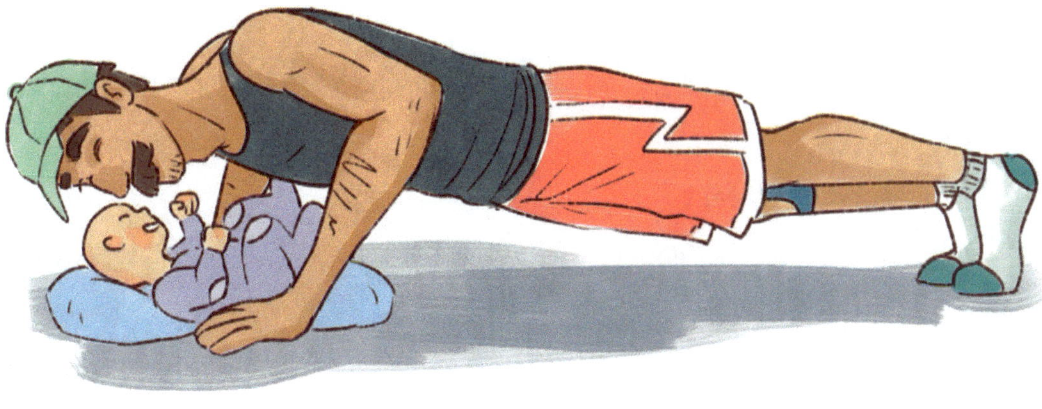

13 STRAMME WADEN DANK WINDELWECHSEL 15 – 30 Wdh. | 3 – 5 Sets

Diese Übung kannst du in dem Zeitraum machen, in welchem du deinem Baby auf der Wickelkommode die Windel wechselst.

Das brauchst du:

Diese Übung solltest du mit Socken oder barfuß ausüben. Das bedeutet: Vor Übungsbeginn ziehst du einfach nur die Schuhe aus, bevor du dein Baby auf die Wickelkommode legst.

So funktioniert die Übung

Auch Papas sind multitaskingfähig: Hebe deine Fersen langsam aus dem normalen Stand so weit an, bis dein Gewicht komplett auf den Zehen ruht. Dann senkst du die Fersen wieder kontrolliert nach unten. Als nächstes ziehst du deine Zehenspitzen Richtung Schienbeine, sodass dein Gewicht auf den Fersen ruht. Auch hier ist es wichtig, dass du die Bewegung kontrolliert ausführst.

Bonding-Effekt

Du bist nah bei deinem Baby und tust ihm Gutes, da du es während der Übung versorgst.

Fitness-Faktor Papa

Leichtes Muskeltraining der großen Muskelgruppen und sanfte, aber effektive Dehnübung.

1.

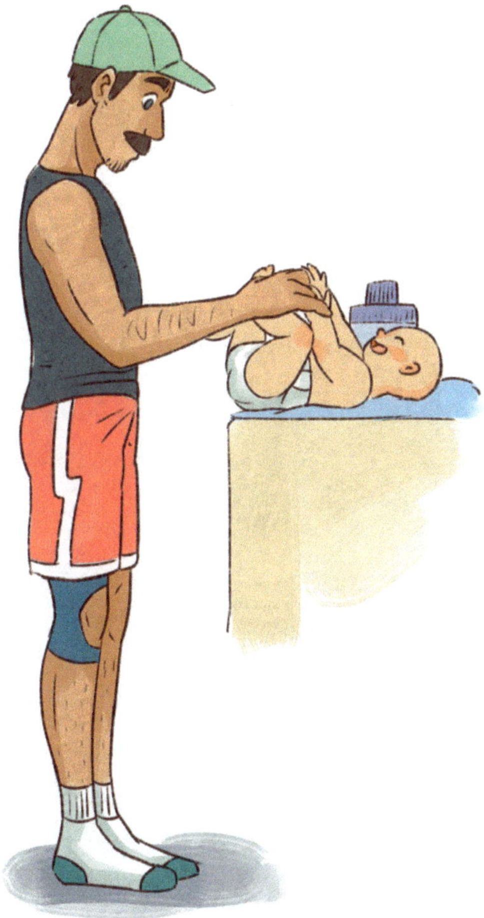

2.

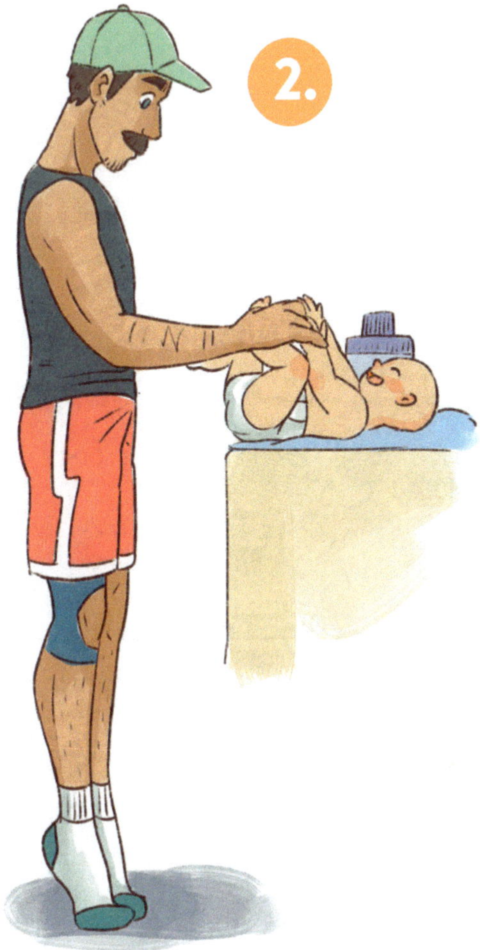

14 PLANKING MIT BABY Min. 30 Sek., immer weiter steigern | 2 – 5 Sets

Diese Übung eignet sich für Babys ab drei Monaten zum gemeinsamen Bewegen. Das brauchst du:
Du benötigst eine oder zwei weiche, rutschfeste Unterlagen, damit du und dein Baby ausreichend Platz habt.

So funktioniert die Übung

Lege dich zusammen mit deinem Nachwuchs auf eine weiche, rutschfeste Unterlage auf den Bauch, Kopf an Kopf in einer Linie. Stelle deine Zehen auf und stütze dich auf die angewinkelten Unterarme. Das Gesäß anspannen und deinen Rumpf und die Beine anheben; sie sollen eine möglichst gerade Linie bilden. Das Gewicht ruht auf deinen Zehen und Unterarmen. Halte diese Position. Dann kannst du den Oberkörper wieder absenken, Arme und Zehen entlasten, kurz ausruhen und dann erneut die Übung ausführen. Durch das „Vorturnen“ regst du dein Baby zum Mitmachen an.

Bonding-Effekt

Dein Baby ist zunächst Zuschauer, wird dabei aber angeregt, dich nachzuahmen. Je nach Entwicklungsstand wird es den Oberkörper anheben, das Gesäß weit nach oben strecken oder weitere Varianten ausführen. Am Ende wirst du womöglich feststellen, dass ihm die Übung besser gelingt als dir – ein besonderer Ansporn für dich!

Fitness-Faktor Papa

Training der gesamten Körpermitte: Bauch, Rücken, Beine, Hüfte, Schultern, Brust und Gesäß.

1.

2.

15 PAPA DER BALLDIEB 15 – 20 Wdh. | 5 – 10 Sets

Diese Übung kannst du machen, sobald dein Nachwuchs Gegenstände greifen und halten kann. Das brauchst du:

Du brauchst eine weiche, rutschfeste Unterlage und einen kleinen Stoffball.

So funktioniert die Übung

Du wirst sehen: Es kann ganz schön schwer werden, deinem Nachwuchs den Ball abzunehmen.: Du legst dein Baby auf eine weiche, rutschfeste Unterlage und stellst dich knapp hinter dessen Füße senkrecht hin. Deine Füße sind etwa schulterbreit aufgestellt, Zehen zeigen leicht nach außen. In den Händen hältst Du du einen weichen, leichten (!) Stoffball, der für dein Baby leicht zu greifen und festzuhalten ist. Nun gehst du so weit in die Knie, dass Oberschenkel und Unterschenkel einen rechten Winkel beschreiben. Die Knie sind dabei leicht zu den Seiten weg gespreizt. Dein Oberkörper ist leicht nach vorne gebeugt. Nun gibst du deinem Nachwuchs den Ball. Halte die Position eine Weile und nimm ihm den Ball dann wieder ab. Sobald du den Ball wieder in den Händen hältst, richtest du dich langsam wieder senkrecht auf. Die Übung beginnt von neuem. Begleite die Übung mit den Worten: „Papa hat den Ball!“ – „Baby (Name) hat den Ball!“

Bonding-Effekt

Dein Nachwuchs kann aktiv mit dir üben, spielen, trainieren – für ein Baby ist das alles eins. Aber Achtung: Es kann sein, dass du den Ball nicht wiederbekommst; die Kleinen haben schon ganz schön viel Kraft. Dann tippst du den Ball einfach nur mit den Händen anstatt ihn „wegzunehmen“.

Fitness-Faktor Papa

Training für die Beine.

16 KICK-START ZUR SEITE 5 – 10 Wdh. | 3 – 5

Sets

Für diese Übung sollte dein Baby über eine ausreichende Körperspannung verfügen und sein Köpfchen bereits selbst für längere Zeit halten können. In der Regel ist dies ab rund drei Monaten der Fall. Das brauchst du:

Für diese Übung sind Sportschuhe mit rutschfesten Sohlen sinnvoll und du benötigst viel Platz.

So funktioniert die Übung

Suche dir einen Ort, an dem du ausreichend Platz hast. Nun stellst du dich aufrecht hin. Dein Baby positionierst du vor deine Brust und deinen Bauch, sodass ihr beide in die gleiche Richtung schaut. So gelingt das sicher und liebevoll: Ein Arm ruht unter dem Gesäß deines Babys und mit der Hand dieses Arms greifst du das Bein, das sich auf der gegenüberliegenden Seite deines Armes befindet, von unten und außen. Den anderen Arm platzierst du vor der Brust deines Babys und mit deiner Hand umfasst du dessen Arm von vorne. Nun gehst du leicht in die Knie, wobei deine Füße mehr als schulterbreit aufgestellt sind und die Zehen leicht nach außen zeigen. Dann richtest du dich langsam auf und hebst das eine Bein zur Seite hoch, sodass beide Beine einen rechten Winkel beschreiben. Dann stellst du das Bein wieder auf den Boden und beugst die Knie wieder leicht. Jetzt wiederholst du das Ganze zur anderen Seite.

Bonding-Effekt

Dein Baby kuschelt mit dir.

Fitness-Faktor Papa

Training der Beine und des Gesäßes und Training des Gleichgewichts.

1.

2.

17 PAPA DER STUHL Halten für min. 30 Sek.

Diese Übung eignet sich für Babys ab etwa drei Monaten. Ist dein Nachwuchs älter und kann schon selbst laufen oder ein wenig klettern, macht die Übung noch mehr Spaß – wird aber auch anstrengender. Das brauchst du:

Bitte rutschfeste Schuhe anziehen oder Socken ausziehen und barfuß trainieren. Außerdem wird eine freie Wandfläche benötigt.

So funktioniert die Übung

Hier hast du eine tragende Funktion: Bei dieser Übung solltest du Schuhe mit einer rutschfesten Sohle tragen. Alternativ kannst du die Übung auch barfuß ausführen; wichtig ist, dass die Füße nicht wegrutschen können. Du nimmst deinen Nachwuchs auf den Arm. Nun stellst du dich mit einem Abstand von etwa 35 bis 50 Zentimetern (je nachdem, wie groß du bist und wie lang deine Beine sind) mit dem Rücken vor eine freie Wandfläche.

Senke dein Gesäß und lehne deinen Rücken so an die Wand, als würdest du auf einem Stuhl sitzen. Allerdings hat dieser „Stuhl" keine Sitzfläche,. Deinen Nachwuchs kannst du jetzt auf deine Oberschenkel des Papa-Stuhls setzen. Bei kleinen Kindern gilt: Gut festhalten! Ist dein Nachwuchs schön größer, kann er vom Boden aus selbst auf den Papa-Stuhl klettern. Achte darauf, dass er nicht vor lauter Übermut beim Klettern vom „Stuhl" fällt.

Bonding-Effekt

Kuscheln, klettern, gemeinsam Zeit verbringen. Dein Nachwuchs findet es sicher lustig, dass Papa ein „Stuhl" ist.

Fitness-Faktor Papa

Training der Beine, positive Effekte auf Rücken- und Bauchmuskulatur.

18 PAPA WEG – PAPA DA 20–30 Wdh. | 5–10 Sets

Bei dieser Übung setzt du deinen Nachwuchs in einen Hochstuhl: Hast du einen für Neugeborene tauglichen Hochstuhl (mit Liegefunktion), kannst du sofort loslegen, sonst warte, bis der Nachwuchs sitzen kann. Das brauchst du:

Du benötigst einen Hochstuhl und einen normalen Tisch, also den Küchen- oder Esszimmertisch, mit etwas Platz drumherum.

So funktioniert die Übung

Sport und Versteckspiel in einem: Dein Nachwuchs sitzt auf der einen Seite eines Tisches im Hochstuhl, du stellst dich auf die gegenüberliegende Seite. Achte darauf, dass du ausreichend Bewegungsfreiheit hast. Nun gehst du weit nach unten in die Knie und springst anschließend hoch, wobei du auch die Arme ganz nach oben streckst. Dann geht es wieder in die Knie und so weiter. Die Übung kannst du mit folgenden Kommentaren begleiten: „Papa weg“ und „Papa da“.

Bonding-Effekt

Babys lieben Versteckspiele.

Variation

Ist dein Kind schon größer und kann sicher stehen und laufen, dann könnt ihr beide die Übung machen. Dein Nachwuchs wird es lustig finden, bekommt ausreichend Bewegung und ist dadurch am Abend müde und schläft schneller ein.

Fitness-Faktor Papa

Cardio-Workout und Steigerung des Grundumsatzes, sodass Fettpölsterchen schmelzen.

1.

2.

19 HOCH HINAUS 5 – 15 Wdh. | 3 – 5 Sets

Dein Baby sollte mindestens drei Monate alt sein und Kopf sowie Rumpf über längere Zeit aufrecht und unter Spannung halten können.

Das brauchst du:

Achte darauf, dass ausreichend Platz ist. Mache diese Übung niemals unter einer Lampe, denn sonst stößt du womöglich aus Versehen mit dem Kopf deines Babys gegen die Lampe.

So funktioniert die Übung

Dein Baby wächst dir über den Kopf: Halte dein Baby mit deinen beiden Händen unter dessen Achseln am Rumpf fest, sodass ihr euch anschaut. Dann stelle dich in die Ausgangsposition für Kniebeugen: Füße mit ungefähr schulterbreitem Abstand parallel zueinander auf dem Boden. Gehe nun so weit in die Knie, dass die Füße deines Babys fast den Boden berühren. Danach streckst du deine Beine wieder durch und richtest dich auf. Dabei hebst du dein Baby noch ein Stück höher, sodass es über deinen Kopf hinausschauen kann. Die Übung begleitest du mit den Worten „unten" und „oben". Führe die Übung in fließenden Bewegungen aus.

Bonding-Effekt

Dein Nachwuchs hat Spaß und freut sich, dass er größer ist als der Papa. Außerdem bringst du ihm bei, was der Unterschied zwischen „oben" und „unten" ist.

Fitness-Faktor Papa

Training für Beine, Arme und Schultern.

20 KERL MIT SCHULTERN ZUM ANLEHNEN 10 Wdh. nach links und rechts | 3 Sets

Mit der Übung kannst du beginnen, wenn dein Nachwuchs zwei bis vier Monate alt ist und ausreichend Körperspannung besitzt.

Das brauchst du:

Ausreichend Platz, um die Übung ausführen zu können. Du kannst die Übung drinnen oder im Freien ausführen.

So funktioniert die Übung

Stelle dich aufrecht hin, die Füße haben etwa einen -schulterbreiten Abstand voneinander. Nimm dein Baby, das seinen Kopf und Rumpf auf jeden Fall schon sicher selbst halten können sollte, auf den Arm. Halte es mit beiden Händen unterhalb von dessen Achseln am Rumpf fest. Deine Arme sind dabei leicht angewinkelt. Dein Nachwuchs ist dir zugewandt, sodass ihr euch in die Augen schauen könnt. Nun drehst du den Oberkörper aus der Hüfte langsam abwechselnd nach rechts und nach links. Den Bauch spannst du dabei leicht an. Dabei zählst du deutlich hörbar mit. Führe die Übung langsam aus. Es geht nicht darum, viel Schwung zu entwickeln!

Bonding-Effekt

Du verbringst Zeit mit deinem Baby und vermittelst ihm Freude am Sport.

Fitness-Faktor Papa

Stärkung der Schultermuskulatur und Förderung der Beweglichkeit.

1.

2.

21 FLIEG, KLEINER VOGEL 10 – 20 Wdh. | 5 – 10 Sets

Diese Übung kannst Du ab einem Alter von rund drei Monaten machen. Aber auch deutlich ältere Kinder lieben diese Übung. Je größer (und schwerer) Dein Kind ist, desto höher der Trainingseffekt für Dich! Das brauchst du:

Für diese Übung brauchst du eine weiche Unterlage wie einen Teppich oder eine Yogamatte.

So funktioniert die Übung

Du setzt dich mit leicht angewinkelten Beinen auf eine weiche Unterlage wie einen Teppich oder eine Yogamatte. Deinen Nachwuchs legst auf deine Schienbeine. Mit deinen Händen greifst du auf beiden Seiten unter die Achseln des Babys und stützt es so. Lege dich nun auf den Rücken. Nun hebst du die Beine mit dem Baby an, sodass deine Unterschenkel parallel zum Boden zeigen. Je größer dein Nachwuchs ist, desto höher kannst du die Beine anheben. Anfangs musst du sehr vorsichtig sein, mit der Zeit wird der kleine Pilot nach immer größeren Höhenflügen verlangen.

Bonding-Effekt

Fast alle Kinder lieben „Ich-fliege-Spiele“. Wenn du magst, könnt ihr dazu ein passendes Kinderlied hören. Das fördert zusätzlich die Sprachentwicklung.

Fitness-Faktor Papa

Training der Beinmuskulatur.

1.

2.

22 ZWEI AN EINEM TISCH 15 – 25 Wdh. | 2 – 4 Sets

Diese Übung kannst du machen, sobald dein Nachwuchs in einem Hochstuhl sitzen kann. Wenn du einen für Neugeborene tauglichen Hochstuhl (mit Liegeposition) hast, kannst du die Übung auch schon früher machen. Das brauchst du:

Du benötigst einen stabilen Tisch, der sicher und fest steht. Übe am besten barfuß oder mit rutschfesten Schuhen/Socken.

So funktioniert die Übung

Liegestütze mit Fun-Faktor: Bei dieser Übung handelt es sich um eine, (vergleichsweise einfache), Abwandlung der klassischen Liegestütze. Du stellst dich in einem passenden Abstand vor einen Tisch, sodass du diesen mit deinen Händen gut erreichst, wenn du dich nach vorne lehnst. Je höher der Tisch ist, desto einfacher ist die Übung. Dein Kind sitzt auf der gegenüberliegenden Seite des Tisches im Hochstuhl. Deine Beine sind schulterbreit aufgestellt, die Füße parallel. Nun legst du die Hände auf die Tischplatte und beugst die Arme so weit, dass du mit der Brust beinahe die Tischkante berührst. Dann streckst du die Arme wieder durch.

Bonding-Effekt

Dein Nachwuchs hat dich die ganze Zeit im Blick. Du kannst die Übung durch Mitzählen oder die Worte „oben“ und „unten“ kommentieren und so die Sprachentwicklung deines Babys fördern.

Fitness-Faktor Papa

Du kräftigst die Brust- und die Oberarmmuskulatur.

23 WASCHBRETTBAUCH STATT AFTER-BABY-BAUCH 15 – 20 Wdh. | 4 – 5 Sets

Diese Sit-up-Übung kannst du machen, sobald du dein Baby in eine Babywippe setzen kannst. Bei den meisten Babywippen sollte man damit warten, bis der Nachwuchs drei Monate alt ist. Das brauchst du:

Hierfür benötigst du eine Babywippe für den Nachwuchs und eine Sport- oder Yogamatte für dich.

So funktioniert die Übung

Setze den Nachwuchs in einem großen Raum in die Babywippe auf den Boden. Dann setzt du dich deinem Baby mit leicht angewinkelten Beinen gegenüber auf den Boden. Deine Füße sollten möglichst nahe an der Babywippe platziert sein. Lege dich nun langsam zurück, bis du flach auf dem Rücken liegst. Die Arme winkelst du mit nach oben gestreckten Ellbogen an, die Hände liegen auf Höhe der Ohren auf dem Boden. Nun hebst du den Oberkörper mit der Kraft deiner Bauchmuskeln langsam an (Arme dabei mit nach vorne führen, Hände bleiben an den Ohren), sodass du deinem Nachwuchs in die Augen blicken kannst, und dann senkst du Oberkörper und Arme langsam wieder nach hinten unten. Jedes Mal, wenn du dich aufrichtest, begrüßt du deinen Nachwuchs mit: „Kuckuck!“.

Bonding-Effekt

Babys lieben jede Form von „Versteckspielen“. Dein Baby wird mit großer Wahrscheinlichkeit vergnügt glucksen, wenn du in der „Kuckuck“-Position bist.

Fitness-Faktor Papa

Training der Bauchmuskulatur.

1.

24 BABY-SIT-UPS 10 – 15 Wdh. | 4 – 5 Sets

Die Übung kannst du mit deinem Nachwuchs machen, sobald er Kopf und Rumpf für längere Zeit selbst halten kann. Dein Baby sollte mindestens drei Monate alt sein. Lass dich nicht von dem Namen täuschen: Diese Sit-ups haben es in sich.

Das brauchst du:

Du brauchst eine weiche, möglichst rutschfeste Unterlage.

So funktioniert die Übung

Der Sixpack-Booster: Setze dich, mit deinem Baby auf dem Schoß, auf eine weiche Unterlage. Dein Baby schaut in deine Richtung. Platziere deine Hände unter den Achseln des Babys am Rumpf. Deine Beine sind leicht angewinkelt, die Füße nebeneinander. Nun lehnst du dich so weit zurück, dass du mit dem Rücken flach auf dem Boden liegst. Lediglich deinen Kopf legst du nicht ab. Dann hebst du dein Baby mit leicht angewinkelten Armen an, sodass es horizontal über deiner Brust schwebt und sich ggf. mit den Füßen auf deinem Bauch abstützen kann. Dann richtest du dich wieder auf, sodass dein Baby wieder auf dem Schoß zum Sitzen kommt.

Bonding-Effekt

Dein Baby turnt mit dir gemeinsam und findet die Lageänderungen von der Sitz- in die „Flug“-Position” sicher lustig.

Fitness-Faktor Papa

Training der Bauchmuskulatur und Training der Arme und Schultern.

1.

2.

25 AUSFALLSCHRITT MIT BABY STATT MIT HANTEL 10 – 15 Wdh. | 3 – 5 Sets

Sobald dein Baby seinen Kopf und den Rumpf längere Zeit aufrecht halten kann, lässt sich diese Übung durchführen. Möchtest du früher mit der Übung beginnen, kann du dein Baby in eine Neugeborenen-Trage oder ein Baby-Tragetuch setzen.

Das brauchst du:

Genug Platz nach vorne, damit du dein Bein ausstrecken kannst.

So funktioniert die Übung

Schwerer als es aussieht: Stelle dich mit deinem Baby im Arm auf eine rutschfeste Unterlage. Deine Hände halten dein Baby so unter dessen Achseln am Rumpf, dass ihr euch gut anschauen könnt, also mit leicht angewinkelten Armen auf Brusthöhe. Nun machst du einen Ausfallschritt nach vorne und lässt dabei das hintere Bein durchgedrückt. Winkle das Knie des nach vorne gestellten Beins an und wippe leicht nach unten, um das vordere Bein zu kräftigen und das hintere zu dehnen. Stelle dich danach wieder aufrecht hin und mache das Gleiche mit dem anderen Bein.

Bonding-Effekt

Dein Kind ist dir nah, ihr schaut euch an und zwischendurch wird gekuschelt.

Fitness-Faktor Papa

Dehnübung für die Beine, sanftes Training der Beine und Training für die Arme und Schultern.

1.

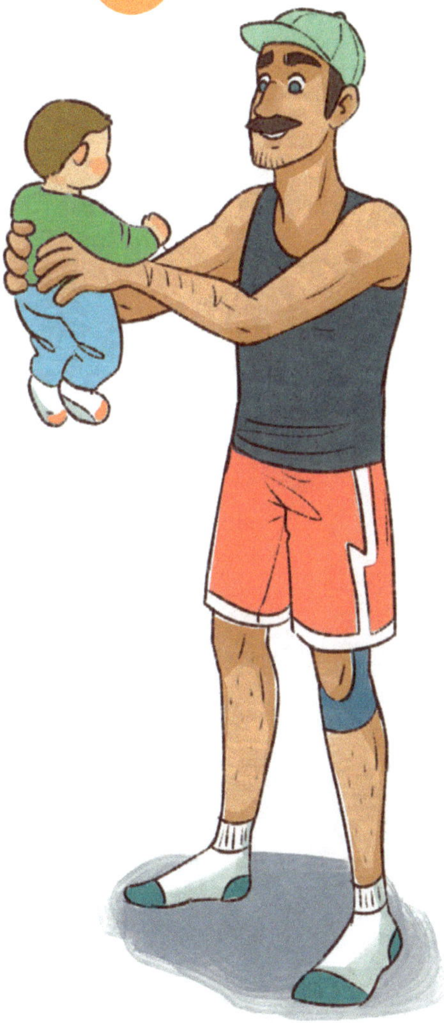

2.

26 FLUGSTUNDE MIT PAPA 10 – 15 Wdh. | 3 – 5 Sets

Diese Übung kannst du durchführen, sobald dein Baby seinen Kopf selbst halten kann und insgesamt eine gute Körperspannung hat. Je älter und schwerer es ist, desto größer wird der Trainingseffekt. Das brauchst du:

Für diese Übung benötigst du einen Stuhl oder Hocker.

So funktioniert die Übung

Schweißtreibende Flugstunde: Setze dich mit deinem Baby im Arm auf einen Stuhl, ohne dich anzulehnen. Halte den Rücken unbedingt ganz gerade und spanne die Bauchmuskeln an. Nun legst du dein Baby bäuchlings auf deine parallel ausgerichteten, leicht angewinkelten Unterarme und umfasst von unten mit der rechten Hand das rechte Beinchen und mit der linken das linke Ärmchen (umgekehrt geht auch, wechsle ab und zu die Seiten). Wenn dein Baby stabilisiert ist, erhält es Starterlaubnis: Du hebst es ungefähr bis auf Schulterhöhe an. Dabei streckst du die Arme, sodass die Schwebeposition parallel zum Boden bestehen bleibt. Danach geht es wieder in den Sinkflug. Allerdings legst du deine Arme nicht auf deinen Beinen ab, sondern stoppst kurz oberhalb – so ist der Trainingseffekt für dich größer.

Bonding-Effekt

Du förderst die Körperwahrnehmung deines Babys durch das „Ich-fliege-Spiel“. Wenn es euch Spaß macht, dann lasst doch passende Musik dazu laufen.

Fitness-Faktor Papa

Training der Arme, des Schultergürtels und der Brustmuskulatur.

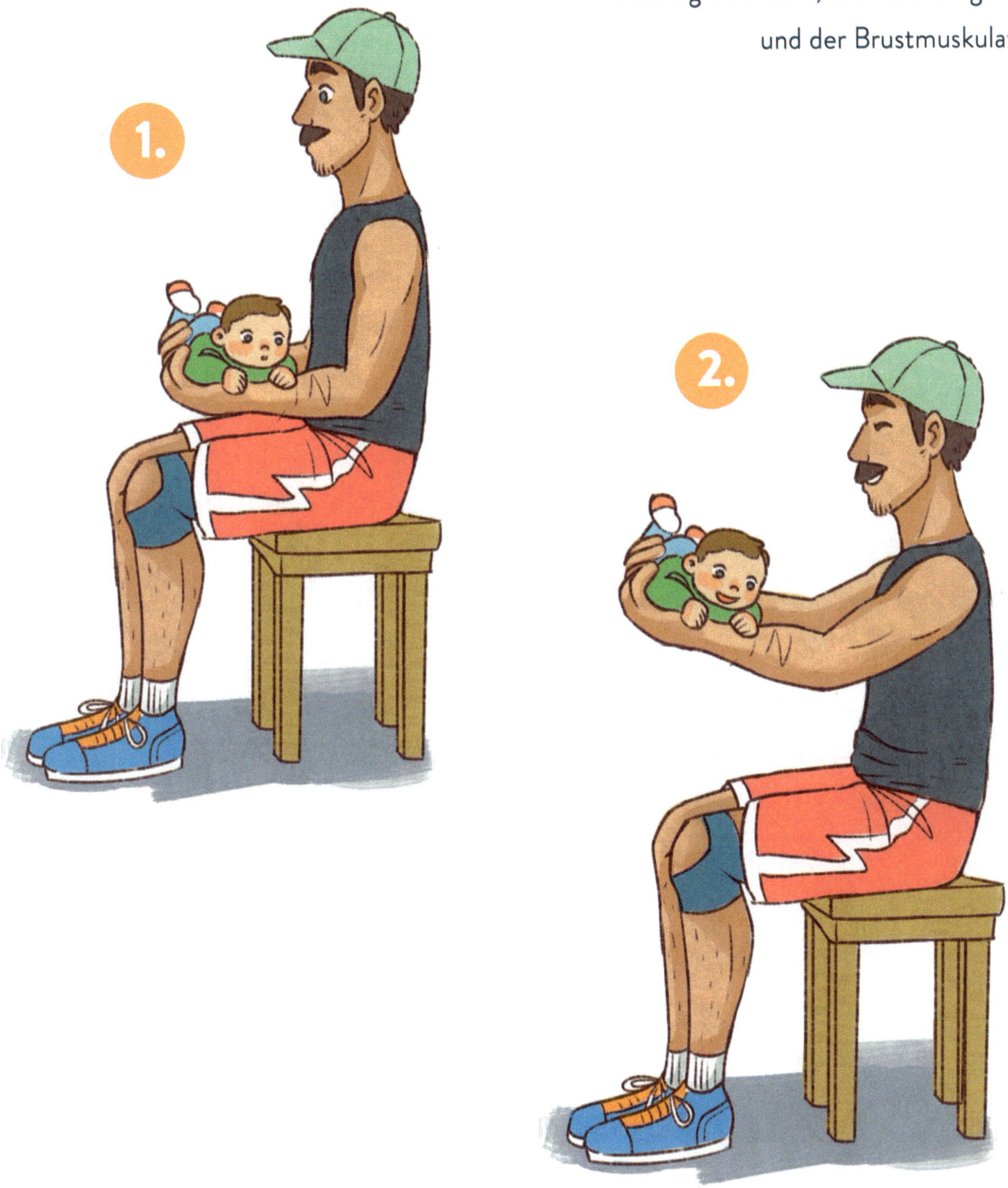

27 BALANCEAKT MIT BABY 5 – 10 Wdh. links und rechts | 3 – 5 Sets

Diese Übung eignet sich für Babys ab drei Monate. Dein Baby sollte Kopf und Rumpf sicher halten können. Je größer dein Baby ist, desto anstrengender wird es. Das brauchst du:

Hierfür brauchst du einen Teppich oder eine Turnmatte und ausreichend Platz.

So funktioniert die Übung

Muskeltraining und Koordination: Du setzt dich mit deinem Baby auf den Boden auf eine weiche Unterlage. Deine Beine sind leicht angewinkelt aufgestellt, die Beine an den Knöcheln überkreuzt. Halte dein Baby mit beiden Händen unterhalb von dessen Achseln am Rumpf, sodass ihr euch anschauen könnt. Deine Arme sind leicht angewinkelt, sodass du deinem Baby in die Augen blicken kannst. Nun hebst du die Fersen vom Boden ab und drehst deinen Oberkörper abwechselnd nach rechts und nach links. Schultern, Arme und Baby führst du bei den Drehungen so weit mit, dass dein Baby jeweils seitlich von deiner Hüfte schwebt. Halte die ganze Zeit den Blickkontakt.

Bonding-Effekt

Dein Nachwuchs wird es toll finden, mit dir zusammen zu turnen und Teil der Übung zu sein. Außerdem trainiert dein Baby mit, da es sicher zappeln wird.

Fitness-Faktor Papa

Training vieler Muskelgruppen: Arme, Schultern, Rücken, Bauch, Beine und Training des Gleichgewichts.

1.

2.

28 KICK-START NACH VORNE 10 – 15 Wdh.

links und rechts | 3 – 5 Sets

Sobald dein Baby über ausreichend Körperspannung verfügt und seinen Kopf auch längere Zeit gut aufrecht halten kann, ist diese Übung perfekt für euch. Das brauchst du:

Du benötigst Sportschuhe mit rutschfesten Sohlen und viel Platz.

So funktioniert die Übung

Halte dein Baby vor der Brust, sodass ihr beide in die gleiche Richtung schaut. Dein einer Arm ruht unter dem Gesäß deines Babys, mit der Hand umfasst du das Beinchen von außen. Deinen anderen Arm platzierst du vor der Brust deines Babys und mit der Hand umfasst du von außen den Arm. So ist dein Nachwuchs sicher und liebevoll gehalten. Gehe nun in den tiefen Ausfallschritt. Dein Baby sitzt dabei fast auf deinem vorderen Bein. Dann richtest du dich auf, indem du das vordere Bein streckst und das hintere nach vorne und oben führst, sodass es einen rechten Winkel zum Standbein bildet. Fußspitze Richtung Körper ziehen. Danach senkst du das Bein langsam ab und gehst dabei in den nächsten Ausfallschritt. Dieses Mal ist also das andere Bein vorne. Die Übung beginnt von neuem, nun allerdings mit dem anderen Bein. Wichtig: Du kannst die Übung gut im Freien machen; wenn nicht, musst du nach ein paar Ausfallschritten die Richtung wechseln. Warum? Weil du am Ende des Zimmers angekommen bist.

Bonding-Effekt

Dein Kind verbringt Zeit mit dir, spürt dich und deine Bewegungen und kann sich umschauen.

Fitness-Faktor Papa

Training der Beine und Training des Gleichgewichts.

29 FLUGSTUNDE 10 – 15 Wdh. links und rechts | 6 – 8 Sets

Dein Baby sollte seinen Rumpf und den Kopf sicher und über längere Zeit halten können. Das ist frühestens ab einem Alter von drei Monaten, meist erst etwas später der Fall. Du kannst die Übung so lange machen, wie du es kräftemäßig schaffst – und das könnte sehr schnell, sehr schwer werden.

Das brauchst du:

Du brauchst eine weiche Unterlage und ausreichend Platz.

So funktioniert die Übung

Lege dich mit deinem Baby auf eine weiche Unterlage. Deine Beine sind leicht angewinkelt und deine Füße stehen dicht beieinander. Dein Baby liegt bäuchlings auf deinem Oberkörper mit dem Kopf in deiner Richtung. Du hältst dein Baby mit beiden Händen unter dessen Achseln am Rumpf. Nun hebst du dein Baby hoch, indem du deine Arme ganz durchdrückst. So hat dein Baby einen perfekten Ausblick und du trainierst deine Arme. Nach einer Weile winkelst du deine Arme wieder ab. Allerdings legst du dein Baby nicht vollständig auf deiner Brust ab, sondern streckst die Arme nach einer kurzen Pause erneut durch.

Bonding-Effekt

Kinder lieben „Ich-fliege-Spiele“. Außerdem trainiert dein Nachwuchs bei dieser Übung seine Körperspannung.

Fitness-Faktor Papa

Training der Arme.

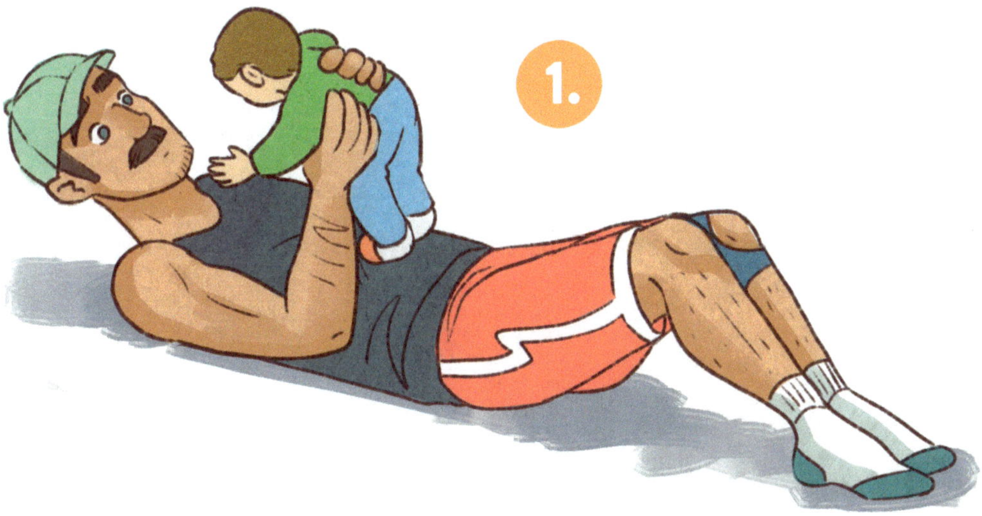

30 TRAINING MIT KLEINEM KLAMMERÄFFCHEN 5 – 10 Wdh. | 3 – 5 Sets pro Bein

Für diese Übung sollte dein Nachwuchs schon sehr mobil sein. Sobald dein Baby sehr sicher krabbelt und sich an Tischen und Stühlen hochzieht, kannst du vorsichtig mit dieser Übung anfangen.

Das brauchst du:

Nimm eine sehr weiche Unterlage, um das Verletzungsrisiko zu minimieren, falls dein Klammeräffchen doch einmal loslassen sollte.

So funktioniert die Übung

Stelle dich aufrecht auf eine sehr weiche Unterlage wie einen dicken Teppich oder eine Yogamatte, sodass du dich mit einer Hand seitlich an einem Tisch oder der Wand stabilisieren kannst. Lade dein Kind ein, sich auf einen Fuß zu setzen und die Arme um dein Bein zu schlingen. Wenn dein kleines Klammeräffchen sicher sitzt, kannst du das Bein mitsamt Kind vorsichtig anheben und dabei leicht anwinkeln, damit dein Nachwuchs immer aufrecht auf deinem Fuß sitzt. Wichtig: Hebe dein Bein aus Sicherheitsgründen nicht zu hoch.

Bonding-Effekt

Diese Übung hat einen großen Fun-Faktor für deinen Nachwuchs. Wichtig: Habe dein Kind immer im Blick und prüfe, ob es sich noch gut festhält.

Fitness-Faktor Papa

Muskeltraining für Beine und Gesäß.

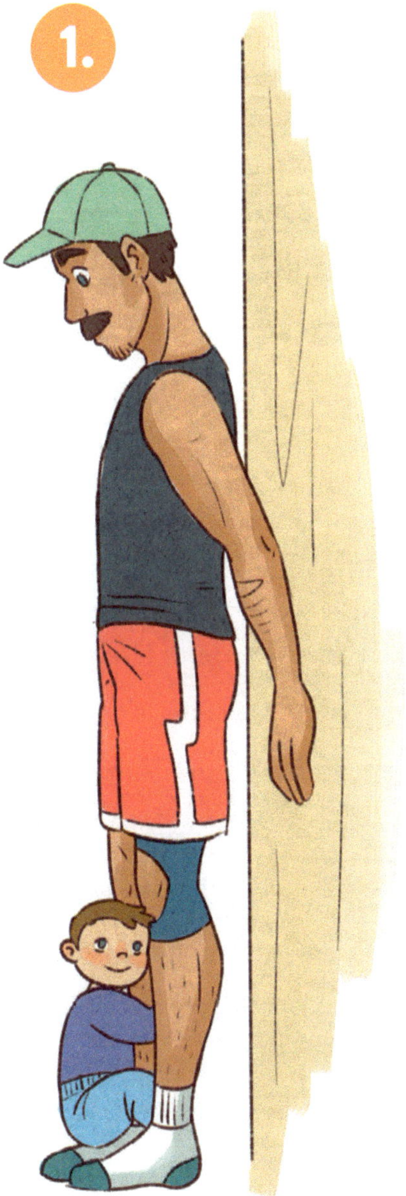

31 SCHAUKELSPASS 10 – 15 Wdh. | 4 – 6 Sets pro Bein

Für diese Übung sollte dein Baby schon eine gute Körperspannung aufbauen können. In der Regel eignet sich diese Übung, wenn du sie wirklich schwungvoll ausführen möchtest, für Babys ab etwa neun Monate. Das brauchst du:

Für diese Übung brauchst du ausreichend Platz, damit beim Schaukeln niemand anstößt.

So funktioniert die Übung

Höher, höher! Stelle dich so hin, dass deine Füße etwas weiter als schulterbreit voneinander entfernt sind;, die Fußspitzen zeigen leicht nach außen. Dein Nachwuchs befindet sich zwischen deinen Beinen und schaut in die gleiche Richtung wie du. Deine Knie sind leicht ange winkelt und mit den Händen hältst u deinen Nachwuchs sicher unter dessen Achseln am Rumpf. Jetzt bewegst du deine ausgestreckten und angespannten Arme mitsamt deinem Nachwuchs nach vorne und oben bis in Brusthöhe und dann wieder zurück.

Bonding-Effekt

Dein Kind wird diese Übung wahrscheinlich so sehr lieben, dass du Probleme haben wirst, nach den Wiederholungen und Sets zur nächsten Übung zu wechseln.

Fitness-Faktor Papa

Du trainierst Beine, Arme, Gesäß und Rückenmuskulatur zugleich.

32 LAUF PAPA, LAUF!

Hierbei handelt es sich um eine Übung an der frischen Luft. Sobald dein Nachwuchs in einem Jogger-Kinderwagen sitzen kann, kannst du diese Übung in dein Programm integrieren. Das brauchst du:
Einen guten Jogger-Kinderwagen und dem Wetter entsprechendes Zubehör: Regenschutz, Sonnensegel, Insektenschutz und einen Fußsack. Deine Sportausrüstung: gute Laufschuhe und wetterangemessene Funktionskleidung.

So funktioniert die Übung

Je nach Trainingsstand beginnst du mit Walking, also zügigem Gehen oder Joggen. Plane mindestens 20 – 30 Minuten ein. Die Distanz steigert sich mit deiner Fitness und Routine. Für Jogging-Einsteiger eignet sich folgendes Vorgehen, wenn du ca. 30 Minuten Zeit einplanst:

1. Woche: abwechselnd 2 Minuten joggen und 2 Minuten walken.
2. Woche: abwechselnd 3 Minuten joggen und 2 Minuten walken.
3. Woche: abwechselnd 4 Minuten joggen und 2 Minuten walken.
4. Woche: abwechselnd 6 Minuten joggen und 2 Minuten walken.
6. Woche: abwechselnd 10 Minuten joggen und 2 Minuten walken.
7. Woche: zwei mal 20 Minuten joggen mit einer Pause von 2 Minuten
8. Woche: 30 Minuten am Stück joggen.

Bonding-Effekt

Ihr verbringt Zeit miteinander. Ideal ist es, wenn du mit deinem Nachwuchs redest und ihm die Dinge, die ihr seht, erklärst, während ihr eure Runden dreht.

Fitness-Faktor Papa

Stärkt die Herzmuskulatur, stimuliert die Knochenbildung und führt zur Gewichtsreduktion.

33 DOPPELTE KNIEBEUGE 10 – 15 Wdh. | 4 – 6 Sets

Für diese Übung sollte dein Nachwuchs mindestens neun Monate alt sein, damit er sich, zusätzlich unterstützt von dir, auf deinen Schultern halten kann.

Das brauchst du:

Einen ausreichend hohen Raum. Die Übung funktioniert auch gut im Freien.

So funktioniert die Übung

Setze deinen Nachwuchs auf deine Schultern. Halte ihn an den Unterarmen, sodass er nicht nach hinten herunterrutschen kann. Nun stellst du dich gerade hin, die Füße haben einen schulterbreiten Abstand. Gehe langsam in die Knie, bis Oberschenkel und Unterschenkel einen rechten Winkel zueinander beschreiben., Der Oberkörper ist leicht nach vorne gebeugt, dein Gesäß weicht etwas nach hinten aus. Dann geht es langsam wieder nach oben.

Bonding-Effekt

Dein Nachwuchs ist nah bei dir. Fast alle Kinder lieben es, auf Papas Schultern zu sitzen und die Welt aus dieser Perspektive zu betrachten.

Fitness-Faktor Papa

Sehr effektives Training der Beine.

BONUS: 10 SCHNELLE UND EINFACHE SANACKS FÜR FITTE PAPAS (UND ALLE, DIE ES WERDEN WOLLEN)

Power-Kugeln (süß)

Das brauchst du: 1 verschließbare Dose, Mixer, 200 g feine Haferflocken, 100 g gemahlene Mandeln oder Haselnüsse, 1 weiche Banane, 3 EL Rosinen oder Cranberries, 2 EL Rübensirup, etwas Kuhmilch oder Mandel-/Hafermilch

Zubereitung: Zerschneide die Banane und gib sie in einen Mixer. Füge nun alle anderen Zutaten hinzu. Beginne mit dem Mixen und gib nach und nach so viel Milch dazu, dass es einen zähen, gut formbaren Teig ergibt. Nun formst du Kugeln aus dem Teig. Lege die Kugeln in eine verschließbare Dose. Vor dem Verzehr sollten die Power-Kugeln mindestens 1 Stunde im Kühlschrank gelegen haben.

Schnelle Energie aus dem Topf

Das brauchst du: Mixer oder Pürierstab, Kochtopf, 200 g geschälte Kartoffeln, 1 Paprika, 100 g geschälte Möhren, 400 ml Gemüse- oder Hühnerbrühe, 300 ml reine Kokosmilch, frische Kräuter, Salz und Pfeffer

Zubereitung: Zerschneide Kartoffeln und Gemüse und gib diese zusammen mit der Brühe und der Kokosmilch in einen Topf. Lasse alles weich kochen. Nun pürierst du die Suppe im Mixer oder mit einem Pürierstab. Zum Schluss mit den Gewürzen und den gehackten Kräutern abschmecken.

Power-Kugeln (herzhaft)

Das brauchst du: 1 verschließbare Dose, Mixer, 2 reife Avocados, 2 Tomaten, 1 Knoblauchzehe, 1 Zitrone, Salz, Pfeffer, eine Handvoll feine Haferflocken, etwas Kuhmilch oder Mandel-/Hafermilch

Zubereitung: Zerschneide die Tomaten und die Knoblauchzehe in kleine Stückchen. Fülle diese und alle restlichen Zutaten in einen Mixer. Beginne mit dem Mixen und gib nach und nach so viel Milch dazu, dass eine zähe, leicht formbare Masse entsteht. Schmecke den Teig mit Salz, Pfeffer und einem Spritzer Zitrone ab. Nun formst du Kugeln aus dem Teig, legst diese in eine verschließbare Dose und lässt sie mindestens 1 Stunde im Kühlschrank stehen.

Schneller Fitness-Salat (vegetarisch)

Das brauchst du: 1 kleinen Kopf Brokkoli (frisch) oder 150 g tiefgefrorener Brokkoli, ½ Tasse rote Linsen, 1 Lauchzwiebel, 150 g Tomaten, 50 g Fetakäse, Essig und Öl

Zubereitung: Der Brokkoli wird gekocht oder (in der Mikrowelle) aufgetaut und in die gewünschte Größe geschnitten. Auch die Tomaten, der Käse und die Zwiebel werden klein geschnitten. Die Linsen müssen gekocht werden, bis sie weich sind. Vermische die Zutaten und schmecke alles mit Essig und Öl ab. Auf Wunsch kannst du deinem Fitness-Salat mit Pfeffer noch etwas Schärfe verleihen.

Individuelle Tortilla-Pakete

Das brauchst du: Muffinblech, Tortillas (Anzahl variiert nach der Größe), 4 große Tomaten, ein paar Walnusshälften, 2 Eier, 2 EL Frischkäse, 200 g Räucherlachs

Zubereitung: Zerschneide die Tortillas in Stücke, die groß genug sind, um jeweils eine Muffinblech-Vertiefung mitsamt Rand auszulegen. Schneide die Tomaten in kleine Stückchen. Auch der Räucherlachs wird zerschnitten. Fülle den Lachs, die Tomatenstücke und die Walnusshälften in die mit Tortilla ausgelegten Muffinformen. Nun schlägst du die Eier auf und verrührst diese in einer Schüssel mit zwei großen Esslöffeln Frischkäse. Verteile diese Masse gleichmäßig auf die Füllungen im Muffinblech. Nun kommt das Ganze für 20 Minuten in den vorgeheizten Backofen (180 Grad Ober- und Unterhitze, mittlere Schiene).

Power-Pausenbrot

Das brauchst du: 1 Scheibe Roggen-Vollkornbrot (50 g), 1 Knolle Rote Bete(vorgegart), 50 g Kichererbsen (aus der Dose, Abtropfgewicht), ½ Avocado, Sesamsamen, Salz, Pfeffer, Olivenöl

Zubereitung: Zerschneide die Rote Bete und püriere diese zusammen mit den Kichererbsen. Füge 1 EL Öl, etwas Salz und Pfeffer hinzu. Bestreiche die Scheibe Roggen-Vollkornbrot mit der Gemüsepaste. Nun schneide die halbe Avocado (ohne Schale) in Scheiben und belege dein Brot damit.

Vegane Power-Nidel-Bowl

Das brauchst du: 75 g (trockene) Dinkelnudeln, 400 g Tomaten, 2 EL Mandelmus, frische Zitrone, Pfeffer

Zubereitung: Koche die Nudeln nach Anweisung. Zerschneide die Tomaten und lege diese in eine Schüssel. Füge (etwa 2 EL) Wasser hinzu und „schmore" die Tomaten in der Mikrowelle für ca. 10 Minuten. Alternativ kannst du das auch im Backofen tun. Vermenge die gekochten Nudeln mit den „geschmorten" Tomatenstückchen und füge 2 EL Mandelmus hinzu. Verrühre alles und schmecke es mit etwas Zitronensaft und Pfeffer ab. Am Ende stellst du alles noch einmal für 1 Minute auf niedriger Stufe in die Mikrowelle oder den Ofen.

Leichter Spargel-Salat

Das brauchst du: 300 g grüner Spargel (frisch oder 200 g eingelegt, wenn gerade keine Spargelsaison ist), 20 g Sonnenblumenkerne, 20 g Kürbiskerne, 20 g Cashewkerne, 100 g Kirschtomaten, ein paar Blättchen frisches Basilikum, Olivenöl, Essig, Pfeffer und Salz

Zubereitung: Schneide die verholzten Enden des Spargels weg. Koche ihn für etwa 10 Minuten in Salzwasser und schneide ihn dann in Stücke. Dann schneide die Kirschtomaten in Stückchen. Richte Spargel und Tomaten in einer Schüssel an und gib Sämereien und Cashewkerne hinzu. Schmecke deinen Salat mit Olivenöl, Essig, Pfeffer und Salz ab und garniere ihn mit ein paar Basilikumblättern.

Zucchini-Schiff aus der Mikrowelle

Das brauchst du: 1 große Zucchini, 2 große Tomaten, 1 Portion Mozzarella, getrocknete italienische Kräuter (oder Kräutermischung), Pfeffer, Salz, frisches Basilikum

Zubereitung: Wasche die Zucchini und schneide sie längs in zwei Hälften. Wasche die Tomaten und schneide diese in Scheiben. Lege die Tomatenscheiben auf die Zucchini-Schiffe. Dann schneide den Mozzarella in Scheiben und lege diese auf die Tomaten. Bestreue alles mit Salz, Pfeffer und den getrockneten Kräutern. Nun kommt alles (auf einem Teller) für 5 Minuten auf höchster Stufe in die Mikrowelle. Garniere deine Zucchinischiffe am Ende noch mit frischen (gewaschenen) Basilikumblättern.

Schoko-Banane-Kichererbsen-Shake

Das brauchst du: Mixer, 25 g Kichererbsen (aus der Dose, Abtropfgewicht), 1 kleine weiche Banane, 1 EL gemahlene Haselnüsse, 25 g zarten Haferflocken, 1 TL Mandelmus, 1 TL echtes Kakaopulver, 200 ml Hafer- oder Mandeldrink

Zubereitung: Die Kichererbsen werden zunächst gewaschen und dann mit der in Stücke geschnittenen Banane in den Mixer gegeben. Füge dann die gemahlenen Haselnüsse, die Haferflocken sowie den Hafer- oder Mandeldrink, das Kakaopulver und das Mandelmus hinzu. Mixen, in ein Glas umfüllen und kurz im Kühlschrank kalt stellen.

Gurken-Burger

Das brauchst du: ½ Salatgurke, etwas Schnittlauch (zum Garnieren), 50 g Ziegenfrischkäse, 50 g schwarze, entsteinte Oliven, 1 EL Olivenöl, Salz, Pfeffer, Knoblauchzehe

Zubereitung: Schneide die Gurke längs in 3 dicke Streifen. Wasche den Schnittlauch und zerkleinere ihn. Zerbrösele nun den Ziegenfrischkäse und vermische ihn mit Öl, Salz und Pfeffer. Schäle und zerhacke die Knoblauchzehe und gib sie zu der Mischung dazu. Zuletzt schneidest du die Oliven in Scheiben. Jetzt geht es ans Belegen: 1 Schicht Gurke, 1 Schicht Oliven, 1 Schicht Gurke, 1 Schicht Ziegenfrischkäse-Mischung, 1 Schicht Gurke und zum Abschluss als Garnierung Schnittlauchröllchen darüber streuen.

Gesunde Mini-Müslistangen

Das brauchst du: 100 g Haferflocken, 30 g Sonnenblumenkerne, 50 g Kürbiskerne, 50 g Cashewkerne, 150 g Obstmus (Apfel-, Birnen- oder Apfel-Bananenmus), 1 Handvoll Dörrobst (Rosinen, Cranberrys, Marillen, Pflaumen oder Datteln), Vanille, echtes Kakaopulver oder Zimt

Zubereitung: Das Dörrobst und die Kerne wird in kleine Stückchen geschnitten. Mische nun die Zutaten in einer Schüssel. Schmecke die Masse wahlweise mit Vanille, Zimt oder Kakaopulver ab. Dann lässt du die Masse für ca. 15 Minuten ziehen. Forme anschließend Stangen und lege diese auf ein mit Backpapier ausgelegtes Backblech. Die Müslistangen werden für ca. 10 – 15 Minuten bei 175 Grad im vorgeheizten Backofen gebacken (Ober- und Unterhitze, mittlere Schiene).

Kontakt: Stanislaw Schöner, Dr.-Hans-Liebherr-Straße 36/1, 88416 Ochsenhausen

Haftungsausschluss:

Die Nutzung dieses Taschenbuches und die Umsetzung der enthaltenen Informationen, Anleitungen und Strategien erfolgt auf eigenes Risiko. Der Autor kann für etwaige Schäden jeglicher Art aus keinem Rechtsgrund eine Haftung übernehmen. Haftungsansprüche gegen den Autor für Schäden materieller oder ideeller Art, die durch die Nutzung oder Nichtnutzung der Informationen bzw. durch die Nutzung fehlerhafter und/oder unvollständiger Informationen verursacht wurden, sind grundsätzlich ausgeschlossen.

Rechts- und Schadenersatzansprüche sind daher ausgeschlossen. Dieses Werk wurde sorgfältig erarbeitet und niedergeschrieben. Der Autor übernimmt jedoch keinerlei Gewähr für die Aktualität, Vollständigkeit und Qualität der Informationen. Druckfehler und Falschinformationen können nicht vollständig ausgeschlossen werden. Es kann keine juristische Verantwortung sowie Haftung in irgendeiner Form für fehlerhafte Angaben vom Autor übernommen werden.

Urheberrecht:

Printed in Poland
by Amazon Fulfillment
Poland Sp. z o.o., Wrocław

29834972R00047